AF360085

L'auteur, portugais, mais issu d'une
vieille famille de la Basse-Auver-
gne, les Chabot de la Besserive, issus
eux-mêmes des *de Portugal-Chabot*, d'Yssingeaux (Velay),
a l'honneur d'offrir cet ouvrage
à la Bibliothèque Nationale de
Paris.

Le [1er] septembre 1921

L. de Mello.

L'INDICE NASAL DES PORTUGAIS

L'Indice Nasal des Portugais

PAR

Joâo-Ernesto MASCARENHAS DE MELLO

Docteur en Philosophie
de l'Université de Coïmbre

Membre de la Société de Sciences Anthropologiques de Coïmbre

TRADUCTION AUTORISÉE

PAR

FERDINAND LAVEN

Consul du Vénézuéla

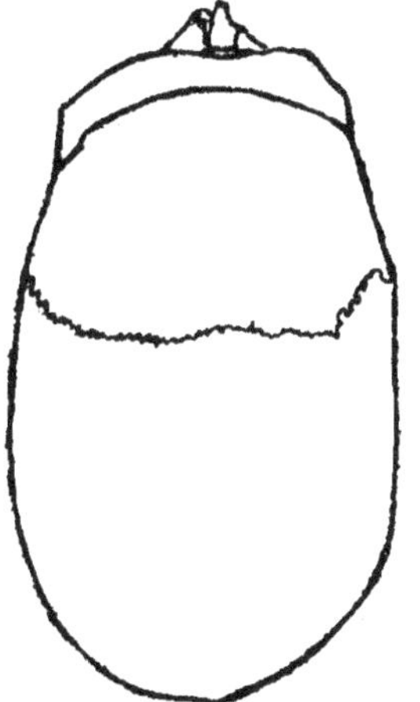

PARIS

A. MALOINE, Editeur

25-27, Rue de l'Ecole-de-Médecine, 25-27

1914

COPIE

—

Académie de Médecine

16, RUE BONAPARTE
(VI')

PARIS, *le 11 Février 1913.*

Le SECRÉTAIRE PERPÉTUEL DE L'ACADÉMIE

à Monsieur Ferdinand LAVEN,

Consul du Vénézuéla.

Monsieur le Consul,

J'ai l'honneur de vous informer que Monsieur le Docteur CAPITAN, chargé d'examiner le travail de Monsieur Joáo-Ernesto MASCARENHAS DE MELLO (de Coïmbre) intitulé : « L'Indice nasal des Portugais » *(travail que vous avez bien voulu traduire en français), a fait son rapport à l'Académie le Mardi 4 courant.*

La Compagnie a entendu la lecture de ce rapport avec intérêt, et elle m'a chargé de vous adresser ses remerciements.

Veuillez agréer, Monsieur le Consul, l'assurance de ma considération distinguée.

JACCOUD

L'Indice nasal des Portugais

L'INDICE NASAL

Son application au diagnostic ethnique

Il y a deux manières d'étudier ce très important caractère ethnologique, 1° sur le vivant, et 2° sur le squelette.

Si l'indice céphalique sur le vivant est d'une valeur presque égale à l'indice céphalique sur le crâne, il n'en est pas de même en ce qui concerne l'indice nasal.

L'indice nasal, dont nous allons parler ici, est un indice linéaire ; sa valeur est donnée par la formule $1 = 100 \frac{nn}{NS}$, c'est-à-dire, le rapport centésimal entre la largeur maximum des narines antérieures indiquées par les lettres *nn*, et la longueur du nez, indiquée par *NS*, *N* représentant le point de la suture fronto-nasale, ou *racine du nez*, ou encore *nasion*, et *S* le point correspondant à l'épine nasale (*spina*).

C'est la conformation de la cavité nasale qui donne au nez sa forme si variable, et c'est par là qu'elle peut nous fournir un des principaux éléments dans la distinction des races humaines.

On détermine facilement le point *N*, car rarement l'on rencontre des os wormiens dans la région du *nasion*.

Le point *S* est plus difficile à obtenir, car il est variable selon les crânes, d'après la grandeur et la direction de l'épine nasale. C'est donc là une opération délicate, que nous simplifierons en imaginant une ligne tracée sur la base de l'ouverture des narines ; dans le croisement de cette ligne avec la direction de la *spina*, nous fixons la pointe du compas. Il peut arriver, cependant, que les narines soient asymétriques, c'est-à-dire, que l'une descende plus que l'autre. Dans ce cas on prend une moyenne, et l'on exclut du calcul les crânes dont l'asymétrie est trop excessive. C'est ce que nous avons fait pour ce qui regarde nos recherches dans cette étude.

La largeur des narines est calculée en prenant le plus grand diamètre horizontal de la cavité nasale. Ce diamètre se rencontre presque toujours dans la hauteur de la crête horizontale où est compris le cornet inférieur.

Pour prendre ces mesures, nous avons utilisé le compas à glissière, dont les moindres divisions de l'échelle sont des demi-millimètres. Donc, nous avons pris, dans les mesures linéaires de la région nasale, l'approximation de $0^{mm},5$. Les petites erreurs émergentes par défaut ou par excès sont permises, comme l'ont démontré avec toute la rigueur mathématique MM. Azulay et Lajard (1). De leurs considérations il résulte que si l'on supprime la deuxième décimale dans l'indice isolé on lui ôte un peu de la précision

____

(1) *Bulletin de la Société d'Anthropologie*, 1891.

illusoire qu'il semble donner à ses facteurs, on rend les opérations plus commodes et moins longues, et on obtient une moyenne d'indices plus proche de la vérité. Cela nous a dispensé d'utiliser le *nonius*, qui nous aurait donné des dixièmes de millimètres.

Brève appréciation sur la place de l'indice nasal dans la taxonomie ethnique

On a l'habitude de donner la priorité à l'indice céphalique, comme caractéristique pour la classification des races humaines. L'indice nasal vient généralement après; mais quelques auteurs ne lui accordent même pas la deuxième place, et le rangent parmi la stature, la couleur de la peau et des cheveux.

Nous contestons le rôle secondaire assigné à l'indice nasal, et nous essaierons de prouver sa prépondérance sur l'indice céphalique lui-même. La phrase suivante de Broca nous y encourage (1).

« Si je me proposais de substituer à la classification de
» Retzius une autre classification systématique, où l'indice
» nasal détrônerait l'indice céphalique, je serais tenu de
» prouver que le premier dépasse l'autre en importance. »

Et en effet, cette prépondérance est bien visible ! L'indice céphalique ne caractérise pas la race. Le croisement d'un

______

(1) Mémoires d'Anthropologie, tome IV.

groupe dolichocéphale avec un groupe brachicéphale donne-
t-il un produit dont les caractéristiques soient suffisam-
ment distinctes pour indiquer peu après sa provenance ?
A la suite d'une analyse en somme très douteuse, c'est à
peine si l'on reconnaîtra en ce produit un crâne plus ou
moins allongé ou court, qui peut appartenir indifférem-
ment à une race blanche, nègre ou jaune.

Après la primitive hypothèse de Retzius, avançant que
les races nègres étaient les plus dolichocéphales, on décou-
vrit une race sub-dolichocéphales, parmi les nègres d'Aus-
tralie, les Tasmanes. Les Alsaciens blonds et blancs, se
rencontrent presque sur le tableau taxonomique à côté des
Turcs et des Mongols, bruns et jaunes ; les Chinois vont
de pair avec les Basques espagnols. Les petits Lapons riva-
lisent dans la brachycéphalie avec les robustes habitants
de l'Auvergne !

L'indice nasal est bien plus rationel et harmonique pour
servir de base à une classification des races humaines, et
ses avantages sont nombreux.

Les blonds Alsaciens, au lieu de rester à côté des Turcs
et des Mongols, occupent ici une place parfaitement rationelle auprès des Bretons, des Bavarois et des Basques
espagnols ; les Mongols vont de pair avec les Chinois ; et
les Basques espagnols, et les Basques français sont voi-
sins des Parisiens. Les Tasmanes vont se placer, parmi
les races nègres, tout proche des Australiens et des Néo-
Calédoniens.

En somme, Broca présente ses conclusions générales :
toutes les races éthiopiques, qu'elles soient à cheveux

crépus, ou lisses, sont platyrhiniennes (indice nasal supérieur à 52); toutes les races caucasiques de l'Inde et de l'Europe sont leptorhiniennes (indice nasal inférieur à 48); toutes les races mongoliques, comprenant les races américaines mais excluant les Esquimaux, qui constituent un peuple spécial, sont mésorhiniennes (indice nasal plus grand que 48 et plus petit que 52). Ce qui veut dire que, d'après la classification basée sur l'indice nasal, toutes les races nègres restent dans le premier groupe (platyrhiniennes); les races mongoliques et américaines dans le second (mesorhiniennes) ; les blanches dans le troisième (leptorhiniennes).

Par conséquent, les discordances que l'on remarque entre les indices nasal et céphalique, ne nuisent qu'à la classification de Retzius, et les exemples précités le démontrent bien.

Donc, maintenant qu'est démontrée la prépondérance de l'indice nasal, il convient, cependant, de dire que cela n'est pas d'une importance capitale, parce qu'on n'admet le principe de divisions systématiques dans aucune classification anthropologique.

La crâniométrie n'est pas en effet l'étude de l'individu, mais l'étude de groupes ; et l'étude d'un caractère, quoique très puissant, n'est pas décisif. En analysant le groupe des caractères nous pourrons alors obtenir des données suffisantes pour conclure d'une manière rationelle et vraie.

Tel crâne brachycéphale et leptorhinien appartiendrait à une race dolichocéphale et platyrhinienne. Il arrive même que dans une race unique, si proche soit-elle de la pureté, des variations existent entre chaque caractère, ce qui oblige d'étudier cette race dans l'ensemble de ses représentants, et non seulement dans tel ou tel individu. Aussi ces oscillations plus grandes ou plus petites, comme il arrive parfois, se produisent autour d'un point type. Le problème se pose : Quel est le crâne étalon qui réunisse tous les crânes types ? Comment le déterminer ?

Ce crâne sera un crâne virtuel, et on le détermine par la *moyenne*. Ainsi nous en connaîtrons les dimensions et la forme comme si nous l'avions dans la main. Donc, sitôt que l'on a établi les indices spéciaux à chaque crâne, il faut rencontrer les indices idéaux qui formeraient les types du groupe étudié.Pour atteindre ce but on possède seul les deux procédés vulgairement employés,connus sous le nom de *moyenne des indices* et *indice moyen*.

La moyenne des indices s'obtient en les additionnant et en divisant la somme totale par la somme de leur nombre : le quotient donne la *moyenne*. Pour avoir l'indice moyen on additionne les diamètres numérateurs et on divise la somme obtenue par celle des diamètres dénominateurs ; le quotient résultant, multiplié par 100, est l'indice moyen. Ce dernier sera généralement inférieur ou supérieur à la moyenne des indices, et rarement égal. Pour l'égaler, il faudrait que tous les indices individuels fussent eux-mêmes égaux, ou que tous les diamètres dénominateurs le fussent, ou encore qu'il y eût équilibre de grandeur entre les termes des plus petits indices et des plus grands. L'indice moyen sera inférieur à la moyenne des indices quand, d'une manière générale, les plus petits indices individuels seront fournis par des rapports de termes plus grands que ceux des plus grands indices.Dans le cas contraire,l'indice moyen serait supérieur à la moyenne des indices. On voit donc que l'indice moyen est variable. Au contraire la moyenne des indices est constante, quels que soient les changements subis par les termes des relations, lorsque celles-ci ne changent pas de valeur. Ainsi la moyenne des indices doit être employée de préférence comme étant plus juste pour le calcul des probabilités. Ces conclusions sont tirées de la démonstration donnée par M. Azoulay (1).Cependant, en anthropologie, il serait peut être plus sûr d'employer la méthode de l'indice moyen, parce qu'elle est la plus rapide et plus facile, quand les séries mesurées sont composées d'un petit nombre de crânes ; mais dans les séries en comprenant un grand nombre l'erreur peut-être considérable. Dans une série de 48 crânes M. Azoulay a observé que l'indice moyen était de 83,60 et la moyenne des indices de 82,87.Aussi,comme il est impossible de prévoir si la différence entre les deux méthodes se manifestera par défaut ou par excès par rapport à la moyenne des indices et que l'importance de cette erreur n'est d'ailleurs pas le seul inconvénient de cette méthode, cela suffit pour faire adopter exclusivement la moyenne des indices. Cependant, Broca préférait l'indice moyen. Sur ce point, nous nous séparons de l'autorité du maître, pour nous réclamer de la méthode de M. Azoulay, qui nous semble plus fondée.

---

(1) *Bulletin de la Société d'Anthropologie*, 1892.

Indice nasal des Portugais contemporains

La série étudiée appartient au Musée d'Anthropologie de l'Université de Coïmbre, et est constituée par 243 crânes provenant des hôpitaux de Coïmbre, Lisbonne et Porto. Chaque crâne possède des notes authentiques, individuelles indiquant l'âge, le sexe, le pays d'origine, la profession et la maladie dont est mort l'individu.

Nous n'avons pu étudier l'indice nasal de cette série par provinces, vu le petit nombre des crânes provenant de quelques unes, comme par exemple l'Algarve qui n'a que trois représentants dans la série, l'Alemtejo qui n'en a que quatre, et le Traz-os Montes, six, tandis que le Douro en a cent treize.

Aussi les conclusions ont-elles été tirées globalement pour le Portugal.

Les mesures, les indices, et la sériation, constituent les tableaux I, II, III et IV.

Serait-ce la pénurie de crânes originaires de l'Algarve et du Traz-os-Montes (provinces où l'on prétend avoir le plus grand nombre de platyrhiniens) qui m'a fait trouver l'indice 45, 61, si bas pour les Portugais ?

Cela est possible. Mais cette étude séparative par provinces, si digne de considération en ce qui concerne les collections de crânes anciens, perd aujourd'hui beaucoup de sa valeur, vu la facilité des communications proportionnées aux peuples modernes. Cependant, après avoir évalué les mesures prises sur le vivant par M. Sant'Anna

Marques, et présentées dans un ouvrage qu'il a publié (1) et aussi après les mesures prises sur le vivant par nous-même,en Algarve et à Coïmbre parmi l'élément académique des deux provinces citées,nous croyons que l'augmentation de l'indice nasal des Portugais n'est pas considérable,cet indice étant toujours plus leptorhinien que celui des Parisiens.

Les Portugais de ce siècle ont une moyenne des indices égale à 45,61; les Parisiens, 46,81; les Russes, 46,85; les Bavarois. 47,03; et les Alsaciens, 48,22. Les Portugais sont donc plus leptorhiniens que ces peuples. Au dessus des Portugais nous ne voyons dans les tableaux de Broca, en Europe, que les Basques espagnols, 44,71; en Afrique, les Guanches, 44,25; les Berbères, 44,28; en Asie, les Arabes, 45,57; en Amérique, les Esquimaux, 42,33. Mais ce dernier peuple est un problème pour l'Anthropologie. « Grandement dolichocéphale, grandement leptorhinien, l'avant-bras encore plus court que le nôtre, avec son histoire obscure, le peuple Esquimau échappe à toutes les classifications, et semble constituer un groupe à part » dit Broca (2).

Les Portugais sont donc un des peuples les plus lepthoriniens de l'Europe. Le tableau II montre aussi que plus de la moitié de la population du Portugal est leptorhinienne 63 %. Quant aux mésorhiniens il y en a 27 %, et 9 % de platyrhiniens.

---

(1) Estudos de Anthropometria Portuguêsa.

(2) Mémoires d'Anthropologie, tome IV.

Le sexe semble exercer une influence sur l'indice nasal des Portugais.

Des différences sont indiquées par les tableaux I et II, où l'on voit que la moyenne des indices est pour l'homme, de 44,72 et pour la femme, 46,51. Donc, l'homme est plus leptorhinien que la femme.

Le tableau IV l'indique aussi. On y voit en effet que la fréquence maximum de cet indice tombe, pour les hommes, à 44, et, chez les femmes, à 46. Pour les Portugais, en général, on rencontre deux maximums : l'un en 46, et l'autre très proche de 44, ce qui est représenté dans le tableau V.

C'est une chose curieuse que cette variation de l'indice nasal avec le sexe, chez les Portugais, car d'aprés les observations faites par Broca sur des crânes français, les indices nasaux des deux sexes sont très proches l'un de l'autre : 46,81 pour les femmes, 46,80 pour les hommes.

Sur la composition probable au point de vue ethnique du peuple Portugais

Sans essayer de tirer de l'étude de l'indice nasal des conclusions absolues au sujet des origines du peuple portugais, ce qui pourrait nous induire en de graves erreurs, nous pouvons cependant établir des rapports entre les résultats obtenus par notre étude, et ceux auxquels ont abouti quelques anthropologistes qui se sont occupés de ce problème ethnique.

Vouloir déterminer seulement par l'indice nasal l'origine

du peuple portugais, serait une prétention chimérique.
Cependant,à observer les concordances ou les discordances
de ce caractère avec la généalogie attribuée à ce peuple, on
comprend qu'il y ait là quelque intérêt important. Nous
espérons détruire la croyance légendaire (à laquelle n'ont
pas échappé même des auteurs portugais), que des popula-
tions nègres auraient fourni autrefois, au peuple portugais,
des éléments ethniques, ce qui expliquerait la facilité d'adap-
tation de ses soldats aux régions sud-africaines.Ce serait là
une manière de « *retour du fils prodigue au foyer ances-
tral* ». Pour réfuter que l'arbre généalogique des Portugais
ait reçu cette greffe du sang des tropiques, il suffira de re-
marquer que les Portugais sont plus leptorhiniens que les
Français et les Anglais eux-mêmes.

Cependant, où retrouver l'origine de cette fausse hypothèse du platyrhinisme lusitanien ? Remonter à l'invasion
du VIIIe siècle ? Mais la horde des gens qui ont passé le
détroit devant la légion arabe n'a jamais été platyrhinienne.
Elle était congènere des Portugais,de la même race, comme
eux leptorhinienne « Les dynasties maures régnant dans
la Péninsule, dit Topinard (1) dans un passage heureux,
étaient plus légitimes que celles de Charles V et de
Philippe II ».

Quoiqu'il en soit, le nombre des croisements avec les
nègres platyrhiniens qui vinrent au Portugal, a été si petit,
qu'on doit le considérer comme un facteur méprisable dans
le peuple portugais. L'indice nasal 45,61, établi par nous,

---

(1) Topinard, *Anthropologie générale.*

l'affirme irréfutablement. L'Algarve, où M. Sant'Anna Marques (1) concentre l'influence de nègres camus, est, d'après ce qu'a montré M. le docteur Alvaro Basto (2), une province qui fuit la dolichocéphalie générale du pays, probablement sous l'influence d'une pénétration berbère. Donc, il n'est nullement question d'une invasion de nègres.

L'hypothèse de M. Silva Amado (3) qui essaie de prouver que les Portugais occupent une place intermédiaire entre les Espagnols et les Français, semble également détruite. Mais une deuxième hypothèse de M. Silva Amado (4), sur l'influence considérable de la race sémite dans le Portugal, bien que combattue vivement par M. Sant'Anna Marques, nous semble parfaitement exacte et d'accord avec les conclusions de notre propre ouvrage. M. Sant'Anna Marques, argumentant seulement à propos de l'influence des indices, a oublié : 1°, que sémites étaient aussi bien les Arabes, les Syriens, les Lydiens, etc ; 2°, que la venue des sémites est prouvée par l'histoire; et 3°, que, aujourd'hui encore, grand est le nombre de Juifs résidant au Portugal.

Nous n'entrerons pas dans de plus longues considérations ethnogéniques.

En étudiant l'indice nasal dans les crânes Portugais,

---

(1) Sant'Anna Marques, *ob. cit.*, p. 15.

(2) *Indices cephálicos dos Portuguêses,*

(3) L'ethnogénie du Portugal, Lisbonne 1880. Publié dans la revue d'Anthropologie, p. 265,

(4) Ob. cit. *Quatro Estudos d'Anthropometria Portuguêsa*

nous avons cherché à fournir un facteur de plus aux recherches futures sur l'ethnogénie portugaise.

Appendice — Indice nasique

Nous avons ainsi dénommé un autre caractère, dont l'étude nous a semblé utile.

Le nez étant, selon nous, l'organe le plus important dans la classification des races, tout ce qui le regarde mérite la plus sérieuse attention. On a étudié l'indice nasal sur le vivant et sur le squelette, ainsi que l'angle plus ou moins aigü formé par les *os propres du nez*, d'où l'on déduit le plus grand ou le plus petit écrasement de cet organe.

Nous avons pensé que l'étude du rapport existant entre la largeur maximum des *os propres du nez* et leur longueur serait un caractéristique profitable. Les mesures étant faites, et les quotients établis, nous avons donné à ces derniers le nom de *indices nasiques*. Nous avons procédé en cela, comme pour l'indice nasal. On voit dans le tableau I, que la moyenne des indices nasiques des crânes masculins est de : 60,46. Le tableau II indique que la moyenne pour les crânes féminins est de 65,09.

Donc, de 62,77 sera l'indice nasique des crânes portugais. Le tableau sériaire VI montre, pour les hommes, un maximum de 57 ; pour les femmes, de 68 ; pour les deux sexes réunis, le maximum donne 62.

Mais il est impossible de tirer de là des conclusions

ethnologiques, ce caractère n'ayant pas encore été étudié chez les autres races.

En terminant ici notre travail, nous sollicitons pour lui la bienveillance du lecteur.

Données Générales sur les Indices nasaux & nasiques des Portugais : Tableaux I, II, III, IV.

TABLEAU I

Diamètres et indices nasaux et nasiques de 137 crânes ♂

(Musée de l'Université)

N° de crâne	DIAMÈTRES				INDICES		Observations
	NS	nn	Lon-gueur	Largeur	Indice nasal	Indice nasique	
1	52,5	26,5	28,0	19,0	51,60	67,86	
3	47,0	23,0	30,0	17,0	48,93	56,66	
4	54,5	26,0	26,0	14,0	47,70	53,84	
5	50,0	27,5	27,0	16,0	55,00	54,25	
6	56,5	25,0	28,0	16,0	44,24	57,14	
7	51,0	21.0	26,0	15,0	41,17	57,69	
8	50,0	20,0	28,0	14,0	40,00	50,00	
9	46,5	22,0	24,5	14,0	45,80	57,10	
10	50,0	24,0	29,0	18,0	48,00	62,06	
11	46,5	23,0	27,0	15,0	49,46	55,55	
13	44,5	23,5	26,0	19,0	52,80	73,07	
14	55,0	22,5	28,0	14,0	40,90	50,00	
15	56,5	21,0	32,5	14,0	37,15	43,07	
16	51,5	23,0	28,0	18,0	44,66	64,28	
17	53,0	26,0	28,0	15,0	49,05	53,58	
18	43,0	20,0	24,0	18,0	46,51	75,00	
22	56,5	22,0	29,0	16.0	38,93	55,17	
23	47,0	22,0	25,0	17,0	42,85	61,53	
24	47,0	23,0	27,0	19,0	46,80	68,00	
27	49,0	25,5	28,0	18,0	52,04	64,28	
28	54,5	25,0	29,5	19,0	45,87	64,40	
29	56,5	24,0	30,0	17,5	42,47	58,33	
33	49,5	24,0	24,0	20,0	48,48	83,33	
35	54,0	22,0	27,0	19,0	40,37	70,37	
36	43,0	22,5	22,0	17,0	52,32	77,27	
37	52,0	23,0	25,0	17,0	42,30	68,00	

N.º de crâne	DIAMÈTRES				INDICES		Observations
	NS	nn	Longueur	Largeur	Indice nasal	Indice nasique	
38	47,5	27,0	25,0	18,0	56,84	72,00	
40	47,0	22,5	24.5	18,0	47,87	73,46	
41	49,5	21,5	22,5	17.5	43,43	77,77	
43	57,0	23,0	36,0	16,5	40,35	45,83	
46	48,5	24,5	24,5	20,0	50,55	81,63	
47	46,0	19,5	24,0	15,0	42,39	62,50	
50	54,0	25,5	29,0	18,0	47,22	62,06	
51	49,5	21,5	26,0	17,0	43,43	65,37	
53	54,5	23,0	33,0	17,0	42,20	51,51	
54	45,0	20,5	26,0	17,0	45,55	65,37	
55	46,0	24,0	27,0	20,0	52,17	74,07	
57	53,5	20,0	27,0	16,0	37,38	59,51	
58	51.0	21,5	27,0	13,5	42,15	50,00	
59	49,5	21,0	23,0	18,0	47,27	78,26	
60	44,0	24,5	26,0	15,0	55,68	57,69	
62	51,5	24,0	33,0	14,0	46,60	42,42	
63	51,0	22,0	26,0	10,5	43,10	40,38	
65	50,0	18,5	25,5	18,0	37,00	70,58	
68	51,5	22,0	27,0	12,0	42,71	44,44	
69	49,0	24,0	31,5	20,0	48,98	43,49	
72	—	—	24,0	19,0	—	79,16	Narines très déformées
74	52,0	24,0	27,0	16,0	46,15	59.22	
78	61,0	19,5	32,5	12,0	31,28	36,92	
79	50,0	21,5	31,5	13,0	42,15	61,90	
80	49,0	18,5	25,5	17,0	37,95	66,66	
82	48,5	26,0	22,0	18,0	53,59	81,80	
84	54,0	23,5	31,0	17,0	43,51	54,83	
87	48,0	21,5	28,0	17,0	44,79	60,71	
89	50,0	23,5	26,0	16,5	47,00	63,46	
90	52,0	23,0	29,0	19,0	42,30	65,51	
91	55,5	23,0	25,0	14,0	41,44	56,00	
94	50,0	22,0	30,0	17,0	44,00	56,66	
95	53,0	23,5	26,0	19,0	44,33	73,07	
97	53,0	23,5	25,0	18,0	44,33	72,00	
98	46,5	26,0	26,5	17,0	55,91	47,00	
100	50,0	23,0	25,0	16,0	46,00	64,00	
102	46,0	23,5	24,0	18,0	51,08	75,00	
103	46,0	24,0	22,0	18,5	52,17	84,09	
104	47,0	21,0	25,0	17,0	44,01	08,00	
105	52,5	23,0	24,0	22,0	43,80	91,66	
106	50,0	25,5	23,0	18,0	51,00	78,26	
108	50,0	25.0	26,0	16,5	50,00	63,46	
110	44,5	21,5	25,0	13,5	48,31	54,00	
113	51,0	21,0	26,5	18,5	41,17	69,81	
115	48,0	21,0	26,0	17,5	43,75	67,30	
119	—	—	27,0	14,5	—	53,70	Narines très déformées

N° de crâne	DIAMÈTRES				INDICES		Observations
	NS	nn	Lon-gueur	Largeur	Indice nasal	Indice nasique	
120	47,0	24,5	24,0	16,5	52,12	68,75	
123	51,5	24,5	30,5	14,5	47,57	47,54	
124	59,0	23,0	34,0	16,0	38,98	47,35	
125	51,0	19,5	26,0	16,0	38.23	61,53	
126	50,0	26,0	25,5	19,0	52,00	74,51	
128	46,0	21,0	28,0	16,0	45,65	57,14	
131	47,0	20,5	24,5	15,5	43,61	63,26	
133	53,0	22,5	26,5	13,0	42,45	49,05	
135	48,5	23,0	24,5	16,0	47,42	65,30	
136	50,0	21,0	27,0	15,0	42,00	55,25	
137	48,0	18,0	27,5	16,0	37.50	58,18	
142	55,0	25.0	28,0	18,0	44,00	64,28	
145	52,5	25,0	29,0	18,0	47,61	62,06	
146	51,5	20,5	26,0	15,0	39,80	57,69	
147	51,0	23,5	27,0	18,0	46,07	66,66	
150	49,0	24,0	24,0	16,5	48,97	68,75	
152	51,0	23,0	27,0	16,5	45,09	61.11	
153	45,5	24,0	22,5	16,0	54,95	71,11	
154	51,0	23,0	27,0	16,0	45,09	54,22	
157	50,0	23,0	26,0	15,0	46,00	57,69	
158	47,5	21,0	28,0	16,0	44,21	57,14	
159	52,0	21,0	26,0	13,0	40,38	50,00	
161	48,5	25,0	20,5	17,0	51,54	82,92	
162	51,0	23,5	29,5	17,0	46,07	57,62	
163	44,5	21,0	27,0	16,0	47,19	54,22	
164	48,5	24,0	25,5	20,0	49,48	78,42	
166	45,5	22,0	26,0	17,0	48,34	65,38	
167	49,5	21,0	31,0	17,0	42,42	54,83	
169	55,0	23,0	28,5	16,0	41,81	56,13	
170	52,0	21,0	26,0	16,0	40,38	61,53	
171	44,0	23,0	25,0	18,5	52,27	74,00	
172	49,0	20,5	31,0	14,5	41,83	46,77	
182	49,0	25,0	30,0	17,0	51,02	56,66	
183	47,0	22,0	25,5	13,0	46,80	50,97	
184	48,0	22,0	26,0	15,0	45,85	57,69	
186	56,0	23,0	31,0	15,0	41,07	48,38	
189	48,0	21,5	29,0	17,0	44,79	58,65	
190	49,0	22,0	27,0	16,5	44,89	61,11	
193	47,0	22,0	26,0	18,0	46,80	69,27	
194	52,0	20,0	31,0	17,0	38,44	54,83	
195	47,5	22,0	26,5	15,0	46,31	56,49	
197	48,5	24,0	27,0	18,0	49,48	66,66	
202	51,0	21,5	26,5	13,5	42,10	51,96	
203	51,0	26,0	23,0	22,0	50,98	95,65	
205	53,0	25,0	30,0	17,0	47,10	56,66	
207	48,5	23,5	27,5	16,5	48,45	60,00	

N° de crâne	DIAMÈTRES				INDICES		Observations
	NS	nn	Lon-gueur	Largeur	Indice nasal	Indice nasique	
210	49,0	21,0	28,0	18,0	40,28	64,28	
211	49,0	22,0	27,5	21,5	44,89	78,93	
212	41,0	21.0	23,5	11,0	51,21	46,80	
215	52,0	24,5	27,0	17,0	41,34	62,96	
216	43,5	21,0	22,0	14,0	48,27	63,63	
217	54,0	22,0	29,0	18,0	40,75	62,06	
221	49,5	25,0	21,0	19,0	50,50	90,47	
222	50,0	20,0	26,5	16,5	40,00	62,22	
223	54,5	23,0	33,5	29,5	42,20	88,06	
225	51,0	22,0	32,0	16,5	43,11	51,56	
228	47,0	24,0	26,5	20,0	51,06	75,47	
231	51,0	20,0	33,0	15,5	39,21	46,97	
232	46,0	24,0	24,5	17,0	52,17	69,38	
233	44,0	24,0	30,0	15,0	48,97	50,00	
235	49,0	24,5	27,0	17,0	50,00	62,96	
236	53,0	27.0	29,0	17,0	50,43	58,65	
237	49,0	20,0	27,0	17,0	40,81	62,96	
238	51,5	23,0	29,0	17,0	44,66	58,65	
240	51,0	24,0	29,0	16,0	47,05	55,17	
241	51,0	21,0	27,5	15,0	41,17	54,18	
Somme des indices.........					6172,77	8344,27	
Moyennes des indices......					44,72	60,46	

TABLEAU II

Diamètres et indices nasaux et nasiques de 106 crânes ♀

(Musée de l'Université)

N° de crâne	DIAMÈTRES				INDICES		Oservations
	NS	nn	Lon-geur	Largeur	Indice nasal	Indice nasique	
2	50,5	21,5	29,0	14,0	42,57	48,27	
12	42,5	21,0	22,0	14,5	47,05	65,99	
19	41,5	26,0	22,5	21,0	65,60	93,33	
20	47,5	23,5	22,0	18,0	49,47	81,80	
21	52,0	22,0	27,5	17,0	42,30	61,81	
25	47,0	23,0	27,0	19,0	48.93	70,37	
26	53,5	22,0	24,0	16,0	41,12	66,66	
30	46,5	23,5	24,5	18,0	50,53	71,83	
31	46,0	21,0	22,0	15,0	45,65	68,18	
32	55 0	22,0	28,0	16,0	40,00	57,14	
34	46,0	24,0	25,0	17,0	52,17	68,00	
39	49,0	20,0	25,0	14.0	40,83	56,00	
42	51,0	26,5	26,5	13,5	51,96	50,93	
44	46,5	25,0	26,0	11,5	53,76	44,23	
45	50,0	20,0	29,0	16,0	40,00	55,17	
48	50,5	26,0	25,0	18,5	51,48	74,00	
49	53,5	21,0	29,0	17,0	39,25	58,62	
52	54,0	20,0	33,0	17,0	35,18	51,51	
56	46,0	20,0	28,0	18,0	43,47	64,28	
61	51,0	21,0	27,0	12,0	41,17	44,44	
64	50,5	22,0	27,6	12,0	43,56	44,44	
66	49,0	23,5	25,0	16,5	47,09	66,00	
67	46,0	23,0	21,5	19,0	50,00	88,35	
70	46,0	22,0	26,0	19,0	47,82	73.07	
71	52,5	22,0	30,0	17,0	41,90	56,66	
73	47,0	23,0	21,0	16,0	53,48	76,19	
75	52,5	24,5	25,0	18,0	46,66	72,00	
76	50,0	23,0	26,0	17,0	46,00	65,37	
77	50,0	22,0	26,0	14,0	44,00	53,84	
81	55,5	21,5	26,5	16,0	38,73	60,37	
83	49,0	20,5	26,0	14,0	41,83	53,84	
85	49,0	23,0	23,5	16,5	40,93	70,21	

N° de crâne	DIAMÈTRES				INDICES		Observations
	NS	nn	Longueur	Largeur	Indice nasal	Indice nasique	
86	47,0	24,0	24,5	16,0	51,06	65,30	
88	47,0	18,0	21,0	11,5	38,29	54,76	
92	49,5	23,5	24,0	16,0	47,65	66,66	
93	50,5	23,5	27,0	15,5	46,53	57,40	
96	47,5	19,0	25,0	14,0	40,00	56,00	
99	53,5	25,0	24,5	16,0	46,72	65,30	
101	50,0	23,5	24,0	24,0	47,00	100,00	
107	44,5	22,0	27,0	15,0	49,44	55,55	
109	47,0	21,0	24,0	17,0	44,91	70,83	
111	43,5	23,0	24,0	16,5	52,87	68,75	
112	48,0	20,5	24,0	15,5	42,60	68,62	
114	48,0	19,0	27,0	16,5	39,58	61,11	
116	49,0	23,0	28,0	19,0	46,93	67,86	
117	46,0	23,0	24,0	15,0	50,00	62,50	
118	44,0	22,5	23,5	15,5	51,13	65,92	
121	48,0	18,5	29,5	14,5	38,12	49,15	
122	47,5	22,0	31,0	17,0	46,31	54,83	
127	45,0	22,5	26,0	17,0	50,00	65,37	
129	44,5	22,5	22,0	16,0	50,56	72.72	
130	45,5	22,5	22,5	17,5	49,45	77,77	
132	47,0	25,0	23,0	19,0	53,17	82,60	
134	43,5	22,0	24,0	18,0	50,57	75,00	
138	50,0	25,0	25,0	17,0	50,00	68,00	
139	42,0	23,0	24,0	18,0	54,76	75,00	
140	50,0	22,0	24,0	15,0	56,66	62,50	
141	50,0	22,0	25,5	17,0	56.66	66,66	
143	45,0	21,0	22,0	14,5	46,66	65,45	
144	48,0	22,5	28,0	18,0	46,87	64,28	
148	50,0	20,5	25,0	15,0	41,00	60,00	
149	49,0	20,5	22 0	15,0	41,83	68,13	
151	47,0	23,5	26,0	17,0	50,00	65,37	
155	46,0	25,0	22,0	16,0	54,34	72,72	
156	48,5	27,0	23,5	20,0	54,02	85,10	
160	48,0	21,0	24,0	16,0	43,75	66,66	
165	49,0	23,5	26,5	17,0	50,00	64,17	
168	45,5	20,0	27.5	14,5	44,94	52,36	
173	46,0	26,0	27,0	12,5	56,52	46,29	
174	59,5	22,0	32,0	16,0	36,97	50,00	
175	50,0	22,0	30,0	17,0	44,00	56,66	
176	43,0	19,0	24,5	14,5	45,34	68,77	
177	44,0	22,0	29,0	18,5	50,00	63,79	
178	46,0	22,5	24,0	16,5	48,91	68,75	
179	45,5	20,0	22,0	12,0	44,44	54,54	
180	47,0	20,0	25,0	17,5	42,55	70,00	
181	44,5	21,5	22,5	14,0	48,31	62,22	
185	46,0	21,0	46,0	21,0	45,65	45,65	

N° de crâne	DIAMÈTRES				INDICES		Observations
	NS	nn	Lon-gueur	Largeur	Indice nasal	Indice nasique	
187	50,0	23,0	27,0	16.0	46,00	54,22	
188	49,0	21,0	29,5	15,0	40,28	50,84	
191	50,0	25,0	23,5	19,0	50,00	80,85	
192	47,0	22,5	25,0	17,5	47,87	70,00	
196	52,0	22,0	29,5	15,5	42,30	52,48	
198	49,0	26,0	20,0	18,0	53,06	90,00	
199	51,5	23,0	31,0	17,0	44,66	54.83	
200	45,0	21,0	19,0	15,0	46,66	78,94	
201	51,0	20,0	24,0	18,5	39,21	77,08	
204	45,0	23,0	19,0	16,0	51,11	84,21	
206	50,0	23,0	26,5	17,0	47,00	64,17	
208	46,0	22,5	26,0	14,0	47,82	53,84	
209	55,0	22,0	30,0	16,0	40,99	53,33	
213	47,0	24,0	22,5	17,0	51,06	75,55	
214	47,0	22,0	24,0	14,0	46,08	58,33	
218	49,0	19,5	26,0	14,5	38,79	55,76	
219	47,0	26,0	25,0	22,0	55,31	88,00	
220	47,0	19,0	19,5	14,0	40,42	71,79	
224	44,0	24,0	22,0	17,0	54,54	77,27	
226	41,5	20,0	26,0	16,5	48,18	63,46	
227	43,5	18,0	22,0	15,5	41,37	70,45	
229	43,5	23,0	22,0	16,0	52,87	72,72	
230	46,0	26,0	22,0	16,0	56,52	72,72	
234	46,5	22,5	24,5	15,0	48,38	61,21	
239	47,0	23,5	27,0	16,0	50,00	59,25	
242	46,5	21,0	26,0	18,0	45,16	69,27	
243	57,0	24,5	33,0	18,0	42,98	54,54	
Somme des indices					4931,04	6834,61	
Moyennes des indices					46,51	65,09	

TABLEAU III

**Groupement de 243 crânes, d'après la méthode de Broca
pour l'indice nasal**

(Musée de l'Université)

GROUPE	HOMMES		FEMMES		HOMMES ET FEMMES	
	Nombre absolu	Nombre 0/0	Nombre absolu	Nombre 0/0	Nombre absolu	Nombre 0/0
Leptorhiniens	92	67,6	61	58,0	153	63,4
Mesorhiniens..........	37	27,2	29	27,6	66	27,3
Platyrhiniens..........	7	5,1	15	14,2	22	9,1
Nombre total....	136	100,0	105	100,0	241	100,0

NOTA. — Cela donne une somme de 241 parce que nous
avons exclu deux crânes.... déformés.

TABLEAU IV

Sériation des indices nasaux de 243 crânes

(Musée de l'Université)

INDICES	FEMMES		HOMMES		HOMMES ET FEMMES	
	Nombre absolu	Nombre 0/0	Nombre absolu	Nombre 0/0	Nombre absolu	Nombre 0/0
31	-	-	1	0,7	1	0,4
32	-	-	-	-	-	-
33	-	-	-	-	-	-
34	-	-	-	-	-	-
35	1	0,9	-	-	1	0,4
36	1	0,9	-	-	1	0,4
37	-	-	5	3,2	5	2
38	4	3,7	3	2,2	7	2,9
39	3	2,8	2	1,4	5	2
40	8	7,6	9	6,6	17	7
41	7	6,6	8	5,8	15	6,2
42	5	4,7	13	9,5	18	7,8
43	2	1,9	8	5,8	10	4,1
44	5	4 7	14	10,2	19	8,8
45	6	5,7	7	5,	13	5,3
46	11	10,4	11	7,9	22	9,1
47	8	7,6	11	8,	19	7,8
48	3	4,7	10	8,	15	6,2
49	3	2,8	5	3,2	8	3,3
50	12	11,4	5	3,2	17	7
51	6	5,7	8	5,8	14	5,8
52	3	2,8	9	6,6	12	4,9
53	4	3,7	3	2,2	7	2,9
54	4	3,7	3	2,2	4	1,6
55	1	0,9	1	0,7	4	1,6
56	5	4,7	-	-	6	2,4
57	-	-	-	-	-	-
58	-	-	-	-	-	-
59	-	-	-	-	-	-
60	-	-	-	-	-	-
61	-	-	-	-	-	-
62	-	-	-	-	-	-
63	-	-	-	-	-	-
64	-	-	-	-	-	-
65	1	0,9	-	-	1	0,4

TABLEAU V

Graphique de l'Indice nasal des crânes cités dans le Tableau IV pour les deux sexes ensemble

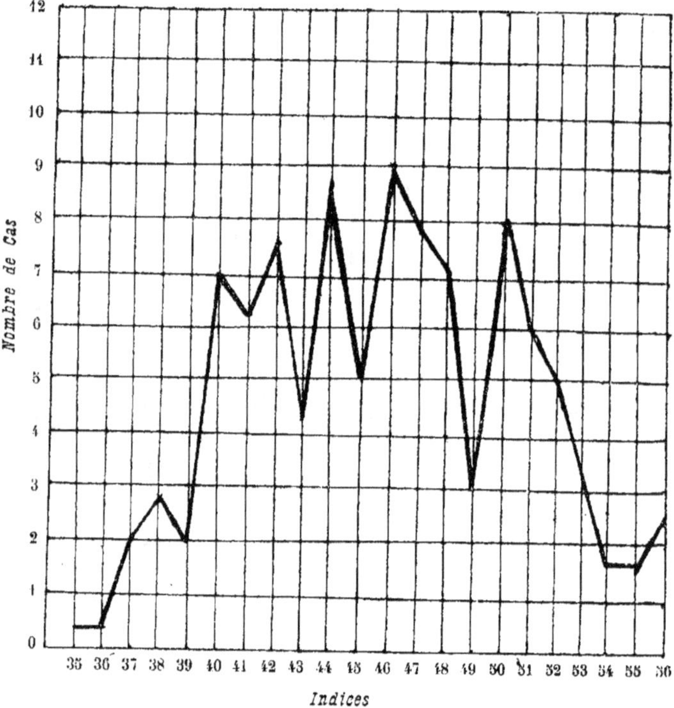

TABLEAU VI

Sériatión des indices nasiques de 243 crânes

(Musée de l'Université)

INDICES	HOMMES		FEMMES		HOMMES ET FEMMES	
	Nombre absolu	Nombre 0/0	Nombre absolu	Nombre 0/0	Nombre absolu	Nombre 0/0
36	1	0,7	-	-	1	0,4
37	-	-	-	-	-	-
38	-	-	-	-	-	-
39	-	-	-	-	-	-
40	1	0,7	-	-	1	0,4
41	-	-	-	-	-	-
42	1	0,7	-	-	1	0,4
43	1	0,7	-	-	1	0,4
44	1	0,7	3	2,8	4	1,6
45	1	0,7	1	0,9	2	0,8
46	3	2,2	1	0,9	4	1,6
47	3	2,2		-	3	1,2
48	2	1,4	1	0,9	3	1,2
49	1	0,7	1	0,9	2	0,8
50	5	3,2	4	3,7	9	3,7
51	3	2,2	1	0,9	4	1,6
52	-	-	2	1,8	2	0,8
53	2	1,4	5	4,7	7	2,8
54	7	5,0	7	6,6	14	5,7
55	4	2,8	3	2,8	7	2,8
56	7	5,0	4	3,7	11	4,5
57	10	8,0	2	1,8	12	4,9
58	5	3,2	2	1,8	7	2,8
59	2	1,4	1	0,9	3	1,2
60	2	1,4	2	1,8	4	1,6
61	6	4,4	3	2,8	9	3,7
62	9	6,6	3	2,8	12	4,9
63	5	3,2	2	1,8	7	2,8
64	6	4,4	4	3,7	10	4,1
65	7	5,0	6	5,7	13	5,3
66	3	2,2	5	4,7	8	3,2
67	2	1,4	1	0,9	3	1,2

INDICES	HOMMES		FEMMES		HOMMES ET FEMMES	
	Nombre absolu	Nombre 0/0	Nombre absolu	Nombre 0/0	Nombre absolu	Nombre 0/0
68	5	3,2	8	7,6	13	5,3
69	3	2,2	1	0,9	4	4,6
70	2	1,4	6	5,7	8	3,2
71	1	0,7	2	1,8	3	1,2
72	2	1,4	5	4,7	7	2,8
73	3	2,2	1	0,9	4	1,6
74	3	2,2	1	0,9	4	1,6
75	3	2,2	3	2,8	6	2,4
76	-	-	1	0,9	1	0,4
77	2	1,4	3	2,8	5	2,0
78	3	2,2	1	0,9	4	1,6
79	1	0,7	-	-	1	0,4
80	-	-	1	0,9	1	0,4
81	2	1,4	1	0,9	3	1,2
82	1	0,7	1	0,9	2	0,8
83	1	0,7	-	-	1	0,4
84	1	0,7	1	0,9	2	0,8
85	-	-	1	0,9	1	0,4
86	-	-	-	-	-	-
87	-	-	-	-	-	-
88	1	0,7	2	1,8	3	1,2
89	-	-	-	-	-	-
90	1	0,7	1	0,9	2	0,8
91	1	0,7	-	-	1	0,4
92	-	-	-	-	-	-
93	-	-	1	0,9	1	0,4
94	-	-	-	-	-	-
95	1	0,7	-	-	1	0,4
96	-	-	-	-	-	-
97	-	-	-	-	-	-
98	-	-	-	-	-	-
99	-	-	-	-	-	-
100	-	-	1	0,9	1	0,4

www.ingramcontent.com/pod-product-compliance
Lightning Source LLC
LaVergne TN
LVHW012145170726
843503LV00009B/3985